L'ÉGYPTE
ET
LE CONGRÈS

PAR

BENOIT BRUNSWIK

PARIS
ERNEST LEROUX, ÉDITEUR
28, RUE BONAPARTE, 28

7 Juin 1878

1086 — PARIS, IMPRIMERIE LALOUX Fils et GUILLOT
7, rue des Canettes

L'ÉGYPTE & LE CONGRÈS

Le Congrès de Berlin aura-t-il à délibérer et à statuer en ce qui concerne spécialement l'Égypte ?

Cette demande a été diversement accueillie par les diplomates devant qui il m'a été ces derniers temps donné de la formuler. Les uns l'ont sommairement repoussée au nom des précédents : Non, sans doute, disaient-ils, non ; car les événements de la guerre n'ont pas atteint l'Égypte, le Traité préliminaire de San-Stéfano n'en fait pas mention ; pour ces motifs, et la seule question égyptienne à l'ordre du jour, celle des finances, étant d'ailleurs placée en de bonnes mains, il n'y aura pas lieu pour le Congrès de Berlin de délibérer ni pour le

Traité de paix définitif de statuer, en ce qui concerne l'Égypte, plus que ne l'ont fait le Congrès de Paris et le Traité de 1856.

D'autres, dans le but peut-être de témoigner leur bienveillance à son auteur, ont fait à ma demande un meilleur accueil; sans y opposer une fin de non-recevoir ni se prononcer sur son mérite, ils m'ont encouragé à l'appuyer d'arguments qui, à mon avis, la justifient et la doivent recommander à la considération des Cabinets.

A l'intention de ceux-ci, pour la réfutation de ceux-là, dans l'espoir d'amener la conviction chez les uns et chez les autres, et sans préjuger aucun des points que soulèvera cette discussion, j'entreprends de justifier ma demande. Si j'y réussis, la conclusion s'imposera d'elle-même.

I

Je suis bien loin de méconnaitre l'autorité des précédents dans le domaine du droit international; c'est bien souvent la seule qui existe pour élucider les questions et prévenir les conflits. Elle a tous les titres au respect de tous, mais je ne crois pas manquer aux égards qui lui sont dus en avançant qu'il n'est point de loi contre le droit, que l'aréopage des grandes Puissances est en droit de délibérer sur toute question qui parait mériter son attention au moment où il s'en occupe. Ce droit inhérent à leur nature, les Congrès en usent ou n'en usent pas, suivant leur appréciation souveraine; mais aucun précédent ne peut y mettre obstacle. Les Cabinets ou leurs Plénipotentiaires peuvent restreindre, *localiser* le terrain de la discussion; mais en dehors de cette commune entente de leur part, il n'est aucune limite à la compétence des Congrès. *Nihil humani a me alienum puto*, telle est leur vraie devisé, et le Congrès de Paris l'a bien prouvé en évoquant à sa barre le régime napolitain, en remuant la question romaine, en statuant sur le droit maritime, toutes questions étrangères au but de sa réunion.

Le Congrès de Berlin aura donc *à fortiori* le droit de délibérer et de statuer en ce qui concerne spécialement l'Égypte.

Je dis plus, il en aura le devoir, car le précédent même qu'on s'est empressé d'opposer à ma demande le lui imposera.

II

Il ne suffit pas de lire les textes, il faut encore les comprendre ; les Traités les plus clairs sous la plume de leurs auteurs prêtent souvent à des interprétations divergentes auprès de ceux qui les invoquent ultérieurement à l'appui de leurs prétentions rivales, et dans ces cas, l'étude des circonstances sous lesquelles ils ont reçu leur formule reste le meilleur sinon l'unique critérium pour en élucider la véritable portée. S'il en est ainsi pour l'intelligence et la pratique du droit écrit, la lecture des précédents exige une étude plus attentive encore des circonstances qui les ont produits, quand il s'agit d'édifier un jugement sur cette autorité muette. Cette attention fait défaut à ceux qui, arguant du précédent que leur paraît fournir le Congrès de Paris, en veulent conclure que celui de Berlin ne statuera pas davantage sur ce qui concerne spécialement l'Egypte ; ils n'observent pas que la similitude est tout au plus apparente et qu'elle disparaît au moindre examen.

III

Le Congrès de Paris n'a point parlé ni statué concernant l'Égypte, cela est vrai ; mais son silence prouve son respect pour les stipulations internationales en vigueur, et rien de plus ni rien d'autre. Comment aurait-il pu, le voulant même, accorder une mention spéciale à l'Égypte ? Telle l'avait créée la Conférence de Londres par tous les Actes qui se sont suivis depuis la Convention du 15 juillet 1840 jusqu'à sa Note du 10 mai et jusqu'au Firman impérial du 1er juin 1841, telle l'a trouvée le Congrès siégeant à Paris au mois de mars 1856 : province de l'Empire, administrée au nom du Sultan par un Gouverneur général, héritier de Méhmet-Ali suivant l'ordre de séniorat, les lois de l'Empire y sont exécutées, les Traités de la Sublime Porte avec les autres Puissances y sont appliqués. Ni par la récente guerre ni par aucun autre côté, il n'était survenu aucun changement à cette position de l'Égypte, soit à l'égard de la Sublime Porte, soit à l'égard des Gouvernements étrangers. Tout était resté en l'état légal et nettement déterminé où l'avait placé, un quart de siècle auparavant, le concert des Puissances d'accord avec le Sultan. Statuant sous le double rapport politique et administratif pour l'Empire Ottoman, le Congrès a donc également et complétement statué pour l'Égypte : elle est, comme les autres provinces, appelée à jouir des bénéfices de l'intégrité de l'Empire et de l'indépendance de son souverain ;

comme elles, l'Égypte et et ses habitants participeront aux avantages que le Traité de Paris attend avec confiance des promesses du Hatti-Houmaïoun. Il n'y a pas eu lieu pour le Congrès de mentionner spécialement l'Égypte pour lui assurer la jouissance de ces avantages, qui ne lui étaient contestés d'aucun côté; une telle mention eût mérité d'être châtiée comme un oubli des stipulations internationales qui ont, après la révolte de Méhmet-Ali Pacha, rétabli et maintenu l'Égypte en qualité de province de l'Empire.

Quant aux priviléges administratifs par lesquels seuls l'Égypte se distingue des autres provinces et qui se trouvent clairement formulés dans les Actes de la Conférence de Londres, ils sont depuis un quart de de siècle la propriété des Puissances intervenantes, comme le Traité de Paris va placer sous leur garantie collective ceux de la Serbie, de la Valachie et de la Moldavie. Ce qui reste à faire concernant l'autonomie des trois Principautés vassales, le Congrès de Paris ne le néglige pas; mais il ne lui reste rien à faire pour procurer leur garantie collective aux priviléges attribués à l'Égypte; cela existe depuis 1841, et conséquemment le Congrès ne s'en occupe pas; il ne parle pas du tout de l'Égypte, par le seul motif qu'il n'a rien à en dire du moment où il veut conserver et respecter ce que ses devanciers ont déjà valablement établi et suffisamment garanti; le Traité de Paris n'a même pas besoin de confirmer à nouveau leur œuvre, parce qu'à l'heure où le Congrès siége, cette œuvre est restée entourée du respect de tous, et tous ont la confiance la plus entière dans la fermeté réformatrice de la Sublime Porte.

IV

Le Congrès de Berlin trouvera-t-il les choses d'Égypte dans le même état où les a laissées le Congrès de Paris?

On n'oserait le soutenir, en présence des atteintes qui ont été portées depuis 1856 aux décisions de la Conférence de Londres, et du démenti infligé par la Sublime Porte à ses programmes de réforme.

Il est arrivé, malheureusement pour l'Égypte comme pour les autres provinces de l'Empire, que la fiction diplomatique attribuant un caractère de spontanéité aux Firmans impériaux a été méconnue par la Sublime Porte, et que l'article 9 du Traité de Paris a empêché les Puissances de la ramener au sentiment de la réalité. Il est arrivé que la Sublime Porte a traité le Firman appelé Hatti-Houmaïoun comme sa propriété exclusive, que les réformes y promises n'ont pas été mises à exécution, que les représentations les plus amicales ont pu être repoussées comme une immixtion illicite dans les affaires intérieures, et qu'après vingt ans de ce régime du Hatti-Houmaïoun et après une crise formidable, un Congrès européen doit se réunir pour aviser aux moyens de procurer aux sujets du Sultan un gouvernement qui soit digne de ce nom dans le siècle où nous vivons.

Le Firman impérial du 1er juin 1841 n'a pas été plus respecté que le Hatti-Houmaïoun. On a oublié que ce Firman est l'application finale de l'Acte annexé à la

Convention du 15 juillet 1840, l'adhésion, de la part du Sultan, au Mémorandum de la Conférence de Londres du 30 janvier 1841; on a oublié que ce Firman, par lequel sont stipulées définitivement les conditions d'existence de l'administration égyptienne, n'est autre que la transcription de celui du 13 février, qui a été soumis par l'ambassadeur turc à l'appréciation de ses collègues de la Conférence, et corrigé par eux dans leur Note-responsive du 10 mai; on a oublié que ce Firman ainsi corrigé par les Puissances n'est devenu définitif qu'après le Procès-verbal du 22 mai, par lequel leurs Représentants à Constantinople, répondant à la demande expresse de la Sublime Porte, ont déclaré à Rifaat Pacha qu'ils n'ont aucune objection à faire à ce *nouveau projet* de Firman d'investiture, et qu'ils n'ont plus rien à lui demander, si ce n'est qu'il fasse parvenir ce *Firman* à sa destination le plus promptement possible. On a tout oublié de ce qui constitue le caractère international de ce Firman, et l'on a disposé arbitrairement des conditions établies par le concert des Puissances. Abdul-Aziz a octroyé à Ismaïl Pacha des Firmans abrogeant des clauses qui avaient été reconnues comme essentielles et nécessaires pour le bien-être de l'Égypte, pour l'autorité souveraine et pour les intérêts européens. De la sorte, la province d'Égypte avec son Khédive, son hérédité directe, son droit de négocier et conclure des Conventions de commerce, de douane, de police, etc., son autorité à décider tout ce qui a rapport aux intérêts financiers et à d'autres intérêts locaux, la province d'Égypte, dis-je, de par les Firmans de mai 1866 et de juin 1867, est devenue..... quoi ? Il serait difficile de le dire : Province comme l'ont établie les Cabinets, d'accord avec la Sublime Porte, elle a cessé de l'être; Principauté vassale, elle ne peut l'être sans l'assentiment des Cabinets. Or lesdits Firmans ne leur ont même pas été notifiés, ils les *ignorent*. Que s'il fallait absolument en définir la situation, on serait réduit à dire que depuis l'octroi de ces Firmans, elle a été tantôt Province tributaire, tantôt Principauté vassale, tantôt État souverain, selon que l'égoïsme ou l'ambition régnant au Caire ont pu s'amalgamer avec l'avidité et l'intrigue régnant à Stamboul; en un mot, elle n'est plus que le jouet des fragiles Firmans, elle n'a plus de lendemain.

V

Les Cabinets ont pu *ignorer* cette atteinte portée au droit des gens par les Firmans de mai 1866 et juin 1867, se promettant d'un côté de continuer à le respecter en ce qui les concerne, de reconnaître ou de refuser le droit qu'Abdul-Aziz a si arbitrairement octroyé à Ismaïl Pacha de conclure des Conventions, et se réservant d'autre côté de dire leur opinion sur l'hérédité directe en pays de bigamie et d'Islâmisme, quand le successeur illégal selon eux leur demandera d'être reconnu en vertu du Firman de 1866. Ils ont pu sous ces deux rapports laisser passer les nouveaux Firmans et admirer naguère encore ce phénomène, innommé dans leurs annales, du Pacha d'Égypte ne promulguant pas la Constitution Ottomane comme son grand-père avait promulgué la Charte de Gulkhané, et envoyant à quelques mois de là son contingent à l'armée de Roumélie. Ils ont pu et dû approuver le départ des troupes égyptiennes, parce qu'il était conforme aux conditions arrêtées en 1841, ils ont pu rester indifférents à la non-promulgation de la Constitution Ottomane, la farce des Délégués imaginée par Ismaïl Pacha valant bien à leurs yeux la comédie parlementaire montée par Midhat Pacha. Ce que les Cabinets n'ont pu constater sans chagrin, et ce que malheureusement ils n'ont plus eu le pouvoir de prévenir ni d'arrêter, c'est la ruine du peuple égyptien par son propre gouvernement, c'est l'absorption de toutes les ressources de la province par son Pacha. Ismaïl administre l'Égypte de la même façon que l'oligarchie de Stamboul administre les autres provinces de l'Empire ; il use des mêmes procédés, il pratique les mêmes coutumes, il observe scrupuleusement l'article du Firman de 1841, qui veut que les impôts soient perçus en Égypte, « conformément au système équitable adopté par la Sublime Porte, » et celle-ci, satisfaite de cette fidélité, le récompense et l'encourage en abandonnant à sa compétence exclusive, à sa discrétion, tout ce qui a rapport aux intérêts financiers de l'Égypte. Un grand roi a dit : l'État, c'est moi. Ismaïl Pacha, une fois en possession du Firman de 1867, s'est dit : l'Égypte est à moi. Il a fait plus que le dire, il l'a réalisé, tandis que l'interprétation donnée partout et dès longtemps à l'article 9 du Traité de Paris a réduit à l'impuissance les Cabinets, leurs Consuls Généraux au Caire et leurs Ambassadeurs à Constantinople.

VI

Les Puissances ont pu, par crainte de réveiller la crise orientale pour des questions qui ne présentaient pas de danger immédiat, fermer les yeux devant les violations de leur droit par les Firmans octroyés à Ismaïl Pacha à leur insu et sans leur assentiment; elles ont pu assister à l'effondrement successif et rapide de la fortune publique de l'Égypte entraînant dans sa ruine une foule d'intérêts respectables, et s'éviter la peine inutile d'affronter l'obstacle inscrit dans l'article 9. Réunies en Congrès, elles n'ont plus besoin de tant de prudence, elles ne connaissent pas d'obstacle pouvant s'opposer à leur résolution de doter les peuples soumis au sceptre ottoman d'un régime propre à favoriser leur développement pacifique. Le Congrès de Paris, chargé d'une mission analogue, l'a remplie de la manière qu'il a, dans sa sagesse et dans sa conscience, jugée la plus propre à atteindre ce résultat, et il a accueilli avec confiance les promesses du gouvernement turc. Le Congrès de Berlin, avec la même sagesse, la même conscience, avec plus d'expérience, et, souhaitons-le, avec plus de clairvoyance que son aîné, remplira la sienne en extirpant la lèpre de l'arbitraire gouvernemental à tous les degrés.

Comment procédera-t-il pour atteindre ce résultat ? Je n'ai pas à l'examiner ; mais quoi qu'il décide, quels que soient les rapports qu'il maintienne, corrige ou établisse entre la Sublime Porte et les provinces qui en relèvent, l'Égypte lui apparaîtra agonisante sous les coups que lui ont portés les précédents résumés dans ces pages, à savoir : l'action inexpérimentée de la Conférence de Londres, l'inaction motivée du Traité de Paris et l'action arbitraire de son Sultan, favorisant, l'une cumulant sur l'autre, les succès de l'égoïsme gouvernemental et l'exploitation sommaire des peuples par leurs pachas. Ayant ainsi constaté le mal dans sa cause et par ses effets, il ne pourra s'empêcher d'y porter remède en Égypte comme dans le reste de l'Empire Ottoman.

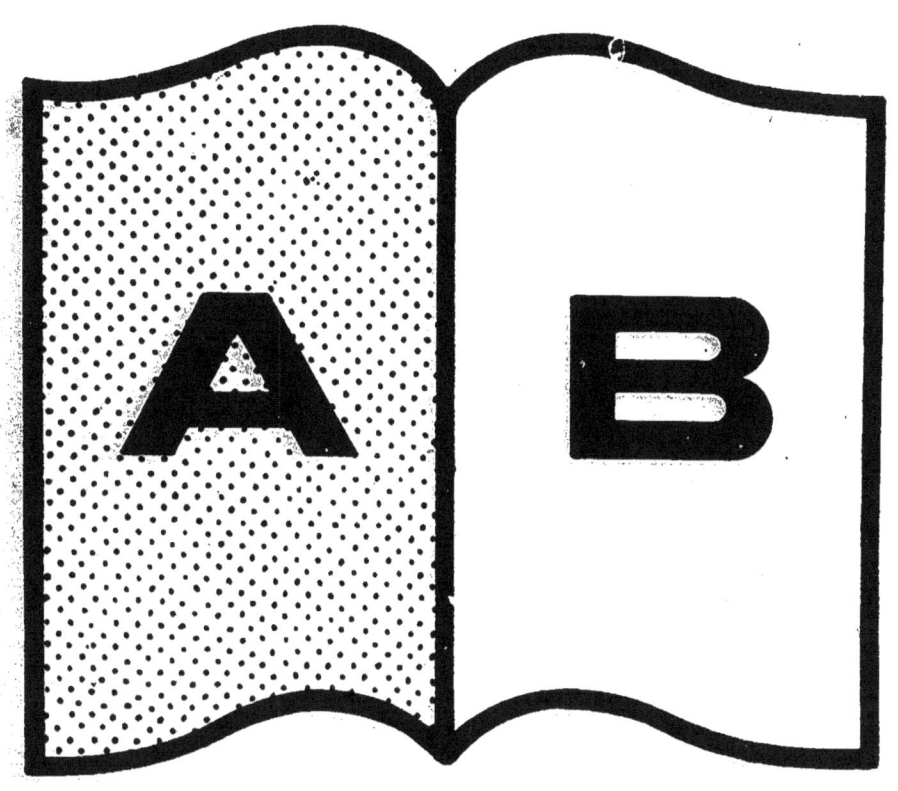

Contraste insuffisant

NF Z 43-120-14

www.ingramcontent.com/pod-product-compliance
Lightning Source LLC
Chambersburg PA
CBHW071450060426
42450CB00009BA/2365